Norbert Pautner

# Zeichnen – ganz leicht
## Prinzessinnen, Elfen und Feen

gondolino

ISBN 978-3-8112-3355-3
1. Auflage 2015
© gondolino GmbH, Bindlach 2015
Printed in Poland

Alle Rechte vorbehalten:
Kein Teil dieses Werkes darf ohne schriftliche Einwilligung des Verlages in irgendeiner Form
(Fotokopie, Mikrofilm oder ein anderes Verfahren) reproduziert werden oder unter Verwendung
elektronischer Systeme verarbeitet, vervielfältigt oder verbreitet werden.

Der Umwelt zuliebe gedruckt auf chlorfrei gebleichtem Papier.

www.gondolino.de

# So findest du die Prinzessinnen, Feen und Elfen

| | | | |
|---|---|---|---|
| Schneewittchen | 10 | Weiße Frau | 36 |
| Dornröschen | 12 | Titania, die Elfenkönigin | 38 |
| Aschenputtel | 14 | Oberon, der Elfenkönig | 40 |
| Froschkönigs Braut | 16 | Elfenritter | 42 |
| Rapunzel | 18 | Puck, der Kobold | 44 |
| Räuberprinzessin | 20 | Blumenelfe | 45 |
| Piratenkönigin | 22 | Baumelf | 46 |
| Indianerprinzessin | 24 | Waldfee | 47 |
| Vampirprinzessin | 26 | Waldschrat | 48 |
| Nixe | 28 | Nachtelf | 49 |
| Meerhexe | 30 | Bergelf | 50 |
| Zauberpatin | 32 | Sternenfee | 52 |
| Böse Fee | 34 | Trollmädchen | 54 |

Im Märchenland werden Träume wahr: Eine einfache Magd wird Königin, eine Fee erfüllt dir drei Wünsche und die Elfen im Wald halten einen Goldschatz verborgen. Aber auch die schlimmen Träume können dort manchmal in Erfüllung gehen – darum hüte dich gut vor der bösen Fee …

# Schneewittchen

Zeichne einen Kreis und einen Kringel drumherum: Das wird Schneewittchens Kopf. Als Nächstes zeichnest du ein paar Haare und ein Krönchen. Schließlich fehlt nur noch das Gesicht – so hübsch, dass die böse Königin gelb vor Neid wird.

Unter den Kopf zeichnest du einen schlanken Hals. Zwei Kreise sitzen dort, wo Schneewittchen ihre Schultern hat. Das werden die Puffärmel.

Und aus den Ärmeln heraus schauen natürlich: die Arme.

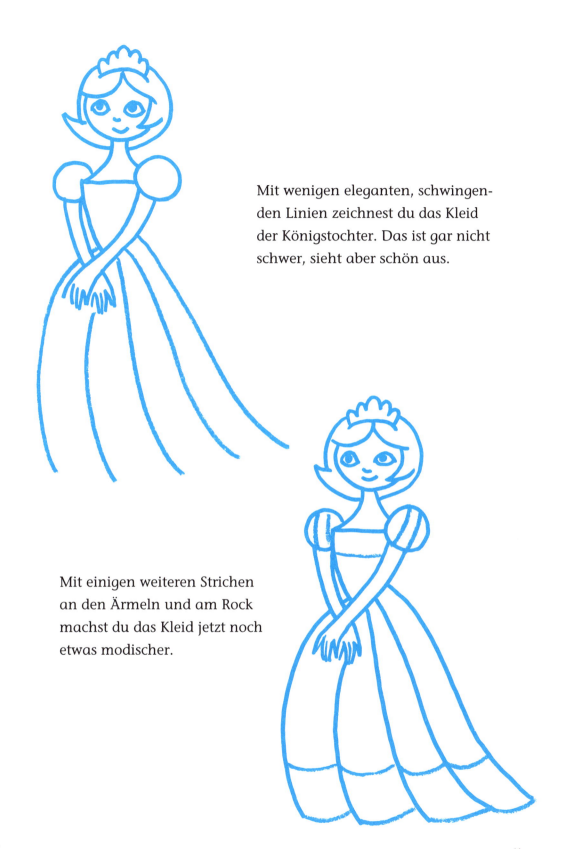

Mit wenigen eleganten, schwingenden Linien zeichnest du das Kleid der Königstochter. Das ist gar nicht schwer, sieht aber schön aus.

Mit einigen weiteren Strichen an den Ärmeln und am Rock machst du das Kleid jetzt noch etwas modischer.

11

# Dornröschen

Ein Kreis, Haare, ein Krönchen und ein schlafendes Gesicht: Dornröschen schlummert hundert Jahre lang.

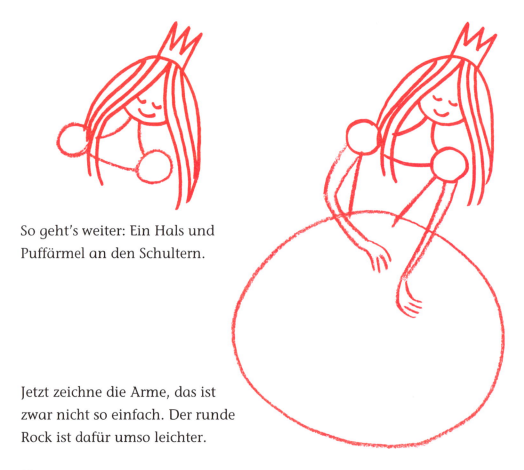

So geht's weiter: Ein Hals und Puffärmel an den Schultern.

Jetzt zeichne die Arme, das ist zwar nicht so einfach. Der runde Rock ist dafür umso leichter.

Auf Dornröschens Rock gehört selbstverständlich ein Rosenmuster. Und das geht so: ein Kreis, drei Striche, dann drei und noch mal drei Blütenblätter.

Damit das hübsche Kind es auch ein wenig bequem hat in seinem langen Schlaf, zeichne ihm schnell noch einen Stuhl, auf dem es sitzen kann.

# Aschenputtel

Beginne den Kopf mit einem Kreis und einem Mittelscheitel.
Dann folgen auch schon zwei Haarschnecken.
Und ein wenig erstaunt darf es auch dreinschauen, unser Aschenputtel.

Hals, Schultern und ein paar Rüschen ihres Kleides zeichnest du auch ohne Mühe.

Auch Aschenputtels Ballkleid hat einen Saum aus Rüschen.

Aschenputtel verlässt den königlichen Ball: Mit einer Hand hält sie ihren Rock, mit der anderen fährt sie erschrocken zum Mund: Gleich schlägt die Uhr Mitternacht und der ganze Zauber ist vorbei.

Zum Schluss verzierst du den Glockenrock noch mit ein paar Schleifchen und Bordüren. Und vergiss nur den verlorenen Schuh nicht, denn sonst hat der Prinz ja gar keine Chance, sein Aschenputtel wiederzufinden.

# Froschkönigs Braut

Ein Kreis, eine Nase. Dann Locken, eine Krone und auch ein Gesicht.
Fertig ist der Kopf der Königstochter.

Unter den Kopf zeichnest du einen Ärmel. Und aus dem Ärmel kommt eine Hand heraus.

Auf der Hand, da sitzt ein Frosch: Zeichne zwei Tropfen und einen Kreis – so schnell geht das.

Das Kleid der Prinzessin sieht mehr aus wie ein Nachthemd. Denn es war im königlichen Schlafzimmer, wo sich der Frosch in einen Prinzen verwandelt hat – erinnerst du dich?

Aber auch ein Nachthemd braucht Verzierungen – vor allem, wenn es ein Prinzessinnen-Nachthemd ist.

# Rapunzel

Zeichne einen kleinen Kreis, ein Dreieck und eine große Glocke: Schon kannst du die Gestalt einer jungen Frau erkennen.

Was wäre Rapunzel ohne ihr langes, langes Haar? Das zeichnest du ganz einfach mit ein paar geschwungenen Linien.

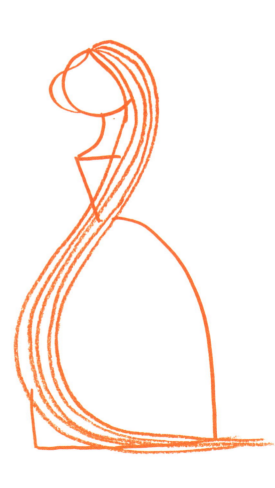

Nun braucht Rapunzel noch Arme, Hände und einen Kamm, um ihr wunderschönes Haar zu pflegen.

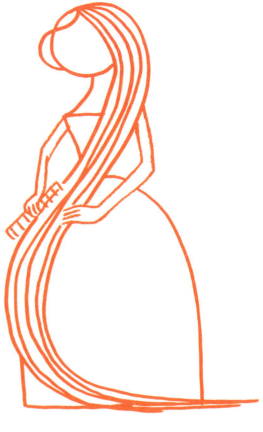

Zum Schluss zeichne ihr ein hübsches Gesicht und ein kleines Krönchen. Und Rapunzels Kleid darf gern auch noch ein bisschen gemusterter sein.

# Räuberprinzessin

Zeichne einfach mal einen Kreis und eine platte Acht.

So wird was draus: Hut mit Feder, Haare und ein Ohrring sind schon zu sehen.

Gesicht, Krönchen und ein paar weitere Striche erwecken die Räuberprinzessin zum Leben.

Der nächste Schritt ist leicht: Zeichne einen Hals und an den Schultern aufgepuffte Ärmel.

Weil sie viel reitet, trägt die Räuberprinzessin Jagdhandschuhe.

Auch wenn sie bei jedem Raubzug dabei ist, trägt die wilde Prinzessin trotzdem einen Rock. Aber der ist ziemlich weit, damit sie auch gut reiten kann.

Zeichne zum Schluss noch ein paar Linien, dann kann man Kleid und Schürze noch besser erkennen.

# Piratenkönigin

Zeichne einen Kreis, dann einen Hut mit Federn und auch die Haare.

Auf den Hut gehört ein Totenkopf, so ist das bei Piraten üblich. Und weil's die Königin ist, braucht er eine Krone.

Und natürlich hat die Piratin ein pfiffiges Gesicht. Das musst du auch zeichnen.

Lass dir etwas Zeit, wenn du Hals, Oberkörper, Arme, Gurt und Schwert zeichnest – dann geht das viel leichter als du glaubst.

So eine Piratenkönigin trägt einen weiten Rock. Das ist praktisch, wenn auf See gekämpft wird.

Mit ein paar Streifen und Fransen sieht so ein Piratenrock doch gleich viel besser aus.

# Indianerprinzessin

Du beginnst mit einem Kreis und einem Stirnband. Dann folgen die Federn, zwei Zöpfe und ein Gesicht. Stolz blickt dich die Indianerprinzessin an.

Zeichne nun Hals, Oberkörper und einen Rock. Mach auch gleich einen Strich für den Speer.

Als Nächstes zeichnest du Arme und Hände – eine Hand hält den Speer.

Zum Schluss sorgen viele Lederfransen für den Wildwest-Look auf dem Kleid der Indianerprinzessin.

# Vampirprinzessin

Beginne mit einem Kreis und einem Dreieck. Dann zeichnest du Spaghetti-Haare, ein Krönchen und ein Gesicht (mit spitzen Eckzähnchen).

Zeichne nun mit einigen eleganten Schwüngen das Kleid der Prinzessin.

Es folgen je zwei Ärmel und Fledermausflügel.

Natürlich dürfen die Hände nicht fehlen. Und das Kleid der Prinzessin bekommt durch ein paar einfache, gerade Linien ein schönes Muster.

Zum Schluss zeichnest du noch ein gruseliges Spinnennetzmuster auf den Rock der Vampirprinzessin.

# Nixe

Beginne mit einem Kreis und fließenden Linien für die Haare.

Dann zeichnest du das Gesicht der Nixe.

Eine lange geschwungene Linie wird der Körper ...

... mit Schuppen und Fischschwanz, so wie es sich gehört.

Mit ihren beiden Armen hält die Nixe ihren Freund, …

… den kleinen Fisch.

# Meerhexe

Aus einem Kreis mit Wellenlinie ...   ... wird ein Kopf mit Krakenarmen.

Zeichne noch ein paar Wellenlinien
für noch mehr Arme.

Mit einem zweiten Strich wird aus jeder Linie ein weiterer Krakenarm.
Achte darauf, dass die Arme spitz zulaufen.
Zum Schluss zeichnest du noch die Haare und das Gesicht der Meerhexe.

# Zauberpatin

Zeichne erst einmal einen Kreis und dann diese merkwürdige Acht.

Wenn du dann Hut und Haare zeichnest, erkennst du schon den Kopf der Zauberpatin.

Gib der guten Fee jetzt gleich ein freundliches Gesicht.

Zwei Arme und einen Zauberstab braucht sie auch, damit sie deine guten Wünsche erfüllen kann.

Die Fee trägt einen ausladenden Glockenrock. Den zeichnest du mit einem großen Schwung.

Mit einigen langen Strichen und zwei Wellenlinien ist der schicke Rock auch ganz schnell fertig.

# Böse Fee

Auf ein gebogenes Dreieck setzt du einen Kreis, und auf den Kreis kommt so ein komischer Hut.

Nun zeichnest du ein hübsches, aber auch ein wenig hinterlistiges Gesicht. Und dann umwickelst du den Hut mit Schnüren.

Tropfen und geschwungene Linien kommen dahin, wo gleich Arme, Oberkörper und Flügel sein werden.

Die böse Fee hat ein Paar Fledermausflügel – und natürlich auch einen Zauberstab in den Händen.

Den Rock der bösen Fee zeichnest du mit zwei großen kreisrunden Schwüngen. Den unteren Saum machst du aus einigen Bögen, so bekommt das Kleid einen Fledermaus-Look.

Zum Schluss zeichnest du nur noch ein Zickzackmuster auf das Kleid und fertig ist die böse Fee. Hoffentlich richtet sie nicht zu viel Unheil an.

# Weiße Frau

Beginne ganz einfach mit einem Kreis und einem Dreieck.

Dann zeichnest du ein Gesicht und zwei Schnecken für die Haare.

Als Nächstes kommt ein Hals mit Schultern, …

… dann folgen Ärmel und ein Oberkörper, …

… und schließlich die Hände sowie ein paar Falten auf den Ärmeln.

Den Rock der Weißen Frau zeichnest du mit zwei schön geschwungenen Linien, sodass er ein bisschen wie ein schwebender Tropfen aussieht.

Zeichne noch einen Schleier an den Hut und zwei Linien aufs Kleid, und schon kann die Weiße Frau durch die Schlossruine spuken.

# Titania, die Elfenkönigin

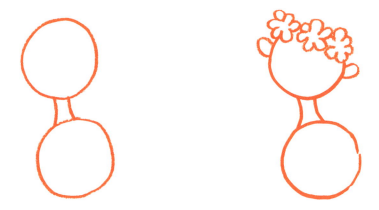

Zwei Kreise verbindest du mit einem Hals, dann setzt du zwei Öhrchen und ein paar Blumen an den oberen Kreis.

Ein Gesicht ist leicht gemacht. Die Haare, die so elfenhaft im Wind flattern, auch.

Die Ärmel sind eigentlich nichts anderes als leicht gebogene Dreiecke. Und die Hände sind auch schon zu sehen.

Zeichne noch drei Striche, und schon hat Titania einen Stab in der Hand und einen Rock.

Zum Schluss zeichnest du noch einige Linien hier und da, damit Titanias Zauberkleid nicht so blass aussieht.

# Oberon, der Elfenkönig

Ein Kreis mit zwei Ohren …

… und einer Krone …

… und Nase, Augen, Mund und einem Bart – und du siehst König Oberon ins Gesicht.

Mit einigen wenigen, meist geraden Linien zeichnest du nun sein Gewand mitsamt der Ärmel.

Noch mehr Linien: Es folgen der Königsstab des Zauberreichs sowie so etwas wie ein Elfenrock.

Ganz wichtig zum Schluss: die Hände. Eine Medaille und ein paar Verzierungen kannst du auch noch zeichnen.

# Elfenritter

Zeichne zunächst einmal einen Kreis und ein Viereck.
Wenn du anschließend eine Kringellinie und einen kurzen Hals hinzufügst,
kannst du den Ritterhelm auch schon ganz gut erkennen.

Der Körper sieht aus wie eine gebogene Leiter.

Aha, die Elfenflügel! Das ist kein normaler Ritter.

Zeichne nun die dünnen Arme und Beine; die Hände steckst du in Handschuhe (die sind ganz einfach zu zeichnen).

Zum Schluss zeichne noch die Elfenschuhe mit ihren nach oben gebogenen Spitzen. Und eine ordentliche Fahne darf auch nicht fehlen, damit jeder gleich weiß, wo dieser stolze Elfenritter herkommt.

# Puck, der Kobold

Beginne erst einmal mit einer Acht aus zwei Kreisen.

Dann mach mit Gesicht, Ohren, Haaren und einem Kragen weiter.

Lange Beine, dünne Arme: Das zeichnest du aus geraden Linien.

Zum Schluss folgen dann Hände, Füße, Hosenbund.

# Blumenelfe

Einen Kreis und einen Tropfen zeichnest du für diese Elfe.

Und um den Kreis setzt du dann acht Blütenblätter.

Gesicht und Flügel sind auch schnell gezeichnet.

Arme und Beine sind ganz einfach: Striche und Kreise – fertig.

# Baumelf

Ein Kreis mit Ohren und ein halber Kreis als Hut, …

… dann noch ein Gesicht und der Baumelf guckt uns freundlich an.

Der Körper des Baumelfs sieht aus wie ein Blatt: Das kannst du mit drei geraden Strichen und ein paar geschwungenen Linien zeichnen.

Zeichne zum Schluss noch Adern aufs Blatt und ein Paar Füße untendran.

# Waldfee

Füge erst einmal vier Tropfen aneinander.

Zeichne nun ein Gesicht und Haare hinzu, dann erkennt man die kleine Fee schon ganz gut.

Jetzt fehlen bloß noch Arme und Beine – und die sind auch ganz schnell gezeichnet. Jetzt kann die Waldfee durch die Bäume huschen ...

# Waldschrat

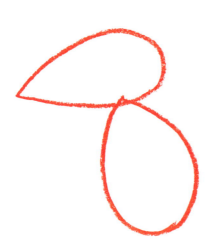

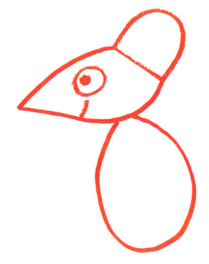

Zeichne einfach mal zwei große, spitze Tropfen.

Mit Auge, Mund und Hütchen wird eine Gestalt daraus.

Astdünne Arme und Beine sind mit ein paar Strichen auch schnell gemacht.

Dann zeichnest du noch schnell die Haare an Kopf und Körper.

# Nachtelf

Zwei Kreise bilden eine Acht. In der Mitte sitzt dann ein Sternenkragen. Und wenn du dann noch Gesicht und Haare hinzuzeichnest, erkennst du den kleinen Nachtelf auch schon.

Jetzt fehlen nur noch Arme und Beine sowie die Flügel.

# Bergelf

Und wieder beginnst du dein Bild
mit einem Kreis mit Ohren.

Daran zeichnest du eine Mütze
und einen Körper. Das ist gar
nicht schwer.

Die vier Flügel am Rücken sind
auch sehr leicht zu zeichnen.

Arme und Beine des Bergelfs sind gerade Striche. Die Hände sind kleine Kreise und für die Stiefel brauchst du bestimmt nicht lange.

Mit Bart, Gesicht und Schaufel ist der Bergelf auch schon fertig. Jetzt kann er im Gebirge nach verborgenen Schätzen graben – oder sie dort verstecken.

# Sternenfee

Zeichne eine Kreis, dann vier Zacken – und dann noch mal vier.
Und jetzt bekommt der kleine Stern noch ein Gesicht.

Der Körper der Sternenfee ist ganz leicht und schwebt wie eine Wolke am Himmel. Zeichne ihn mit nur zwei Bögen, die sich am hinteren Ende berühren.

Tropfenförmige Feenflügel und einen Arm mit Zauberstab zeichnest du als Nächstes.

Du kannst den Rock der Fee noch mit ein paar Linien verzieren. Und zeichne auch noch ein paar einfache Sterne, denn überall, wo die Sternenfee auftaucht, glänzt und funkelt es.

# Trollmädchen

Etwas unterhalb der Mitte setzt du an einen nicht ganz runden Kreis ein Paar Ohren an.

Zeichne nun ein freundliches Trollgesicht.

Unter den Kopf zeichnest du nun diese zwei Bögen – das sind Arme.

Mach eine Schlangenlinie und schon hast du die Finger gezeichnet. Sie halten eine kleine Blume fest.

Zeichne eine Zickzacklinie und das Trollkleid ist fertig. Und unten schauen zwei große Füße heraus.

Trollmädchen haben widerspenstige Haare, darum genügt es, wenn du einfach nur ein paar gerade Striche machst. Und vergiss auch ihre Zehen nicht.

# Prinzessinnen

Indianerprinzessin

Vampirprinzessin

Froschkönigs Braut

Rapunzel

Dornröschen

# Feen und Elfen

Blumenelfe

Waldfee

Baumelf

Böse Fee

Nachtelf

Puck, der Kobold

Oberon, der Elfenkönig

Titania, die Elfenkönigin

# Mit Stift und Pinsel die Welt entdecken!

**Baustelle zeichnen – ganz leicht**

64 Seiten, durchgehend farbig illustriert

**ISBN 978-3-8112-3352-2**

Kinder können stundenlang vor Baustellen stehen, um das Treiben dort zu betrachten. Baustellenfahrzeuge und -geräte sind daher beliebte Mal- und Zeichenmotive.

Für Kinder ab 4 Jahren.

**Bauernhof zeichnen – ganz leicht**

64 Seiten, durchgehend farbig illustriert

**ISBN 978-3-8112-3351-5**

Das Thema Bauernhof mit allen Tieren und Fahrzeugen gehört zu den liebsten Mal- und Zeichenmotiven für Kinder.

Für Kinder ab 4 Jahren.

gondolino